武林秘传连环腿

郭佩佩 著

北京体育大学出版社

策划编辑：吴海燕
责任编辑：吴海燕
责任校对：张志富
版式设计：高文函

图书在版编目（CIP）数据

武林秘传连环腿 / 郭佩佩著 . -- 北京：北京体育大学出版社，2022.6
ISBN 978-7-5644-3540-0

Ⅰ . ①武… Ⅱ . ①郭… Ⅲ . ①腿击法（武术）—基本知识 Ⅳ . ① G852

中国版本图书馆 CIP 数据核字（2021）第 268278 号

武林秘传连环腿
WULIN MICHUAN LIANHUANTUI

郭佩佩 著

出版发行：北京体育大学出版社
址　　址：北京市海淀区农大南路 1 号院 2 号楼 2 层办公 B-212
邮　　编：100084
网　　址：http: //cbs.bsu.edu.cn
发 行 部：010-62989320
邮 购 部：北京体育大学出版社读者服务部 010-62989432
印　　刷：北京昌联印刷有限公司
开　　本：710mm × 1000mm　1/16
成品尺寸：170mm × 240mm
印　　张：10.5
字　　数：152 千字
版　　次：2022 年 6 月第 1 版
印　　次：2022 年 6 月第 1 次印刷
定　　价：32.00 元

作者简介

郭佩佩，郑州大学体育学院讲师，自幼习武，曾受多位名师指导，练习过戳脚、弹腿、长拳等传统武术，尤擅腿法；曾在安徽科学技术出版社出版武术专著4本，并在《少林与太极》杂志上发表过十余篇武术文章，深受读者欢迎。

武林古传二十四腿，招法多变，犀利难测，古朴实用。

武当秘传二十四腿，有直有横，时左时右，忽高忽低，手引腿踢，声东击西，真假虚实，变化多端。

少林秘传二十四腿，蕴含了少林腿法精髓，有连环巧腿法，有明手暗腿法，有以腿破腿法，有破拳发腿法。

少林秘传罗汉腿，风格独特，发力疾快，攻防灵活，招法连环，高低起伏，神妙莫测。

少林秘传地躺腿，借用跌扑滚翻，乘机弹摆剪夹，踢击敌方要害，独特实用。

少林腾空高飞腿，勇猛刚劲，攻击犀利，居高临下，令敌胆寒。

目录

第一章 练腿之法

一、压腿 2
二、扳腿 10
三、吊腿 11
四、劈腿 13
五、踢腿 14
六、腾空踢腿 18

第二章 武林古传二十四腿

一、蹬膝腿 26
二、挑裆腿 27
三、扫跌腿 28
四、截蹬腿 30
五、弹胫腿 32
六、锯割腿 32
七、横蹬腿 34
八、膝撩腿 35
九、弹蹬腿 36
十、勾绊腿 37
十一、穿心腿 38
十二、偷踹腿 39
十三、圈弹腿 40
十四、探喉腿 41
十五、撞心腿 42
十六、踩膝腿 42
十七、立连腿 44
十八、卧连腿 45
十九、勾蹬腿 46
二十、绞丝腿 47
二十一、铰剪腿 48
二十二、滚剪腿 48
二十三、单飞腿 50
二十四、双飞腿 51

第三章 武当秘传二十四腿

一、叩门腿 53
二、铲踢腿 54
三、闪踢腿 56
四、撩踢腿 57
五、后挂腿 58
六、顺踩腿 59
七、侧踩腿 60
八、钉踢腿 62
九、封勾腿 63
十、勾踩腿 64
十一、勾摔腿 66
十二、后低扫 68
十三、前后蹬 69
十四、鸳鸯踩 70
十五、连珠弹 72
十六、绊马腿 73
十七、撑顶腿 74
十八、靠身撞 75
十九、缠丝腿 76
二十、圈蹬腿 77
二十一、腾鞭踢 78
二十二、双飞踩 80
二十三、高飞蹬 82
二十四、三飞踩 84

第四章 少林秘传二十四腿

一、浪子踢球 87
二、小蛇摆尾 88
三、上虚下踢 89
四、蜻蜓点水 90
五、海底捞月 90
六、野马挣网 92
七、饿虎上树 93
八、韦陀合杵 94

九、牵牛断腿 96
十、格挡蹬踢 97
十一、拦截踢阴 98
十二、低势横扫 99
十三、短腿撞膝 100
十四、蛟龙抖威 101
十五、顶腿破蹬 102
十六、转环蹬腿 103
十七、大力横扫 104
十八、鹞子翻身 105
十九、弹扫变幻 106
二十、直弧连环 107
二十一、勾扫转蹬 108
二十二、将军上马 109
二十三、二起飞蹬 110
二十四、高踢双飞 111

第五章 少林秘传罗汉腿

一、铲子腿 113
二、截击腿 114
三、倒扫腿 115
四、勾挂腿 117
五、窝心腿 118
六、正扫腿 119
七、翻天腿 120
八、化截腿 121
九、迎门腿 122
十、顺捆腿 123
十一、倒勾腿 124
十二、正踩腿 125
十三、内撇腿 126
十四、外撇腿 129
十五、回身腿 130
十六、绞丝腿 131

第六章　少林秘传地躺腿

一、侧倒勾蹬　134
二、侧倒剪腿　135
三、绞剪拧腿　136
四、撑地摆扫　137
五、跌身扫踢　138
六、倒地勾踢　139
七、扑地踩子　140
八、前滚蹬踢　141
九、侧翻踩踢　142

第七章　少林腾空高飞腿

一、鹰击长空　144
二、凌空飞弹　145
三、乌龙摆尾　146
四、拦截单飞　147
五、一闪二飞　148
六、高飞展踢　149
七、短中有长　150
八、连腿飞踢　152

第一章
练腿之法

腿脚是技击进攻的重要利器，常被视为克敌制胜的无上法门，所以武术界有“手是两扇门，全凭脚踢人”“手打三分，脚打七分”等谚语。

以腿踢人，力大劲足，势猛难挡，杀伤强烈，故腿法为众多武术门派所重。

腿法施敌，贵乎灵敏迅捷。如果在腿击时，转踢、旋起与翻落之间略有迟滞拙笨，不独腿法无克敌之功，且易为敌乘隙反制。所以用腿之先，应先行练腿。

练腿之法，主要有压腿、搬腿、吊腿、劈腿、踢腿、腾空踢腿等，要求柔韧有力，灵而不拙，所谓“击人时，不着则柔，着人则创”，非在拙力，而在弹劲。

本章即讲述武林练腿常用之法，以供武术爱好者参考，久练可收脚活、身轻、劲贯、气顺之效，为以后修习高级绝杀连环腿打下坚实基础。

一 压腿

压腿是将脚放在地上、平衡木上，或桌凳面、墙、窗台等处，上体前俯下压。练习者通过压腿来拉长腿后侧韧带、肌肉、肌腱等。

腿放的高度由低逐渐升高。腿放低位是拉小腿后侧韧带；腿放高位是拉大腿后侧韧带；腿放腰高是拉膝后侧韧带。

（一）正压腿

（1）正高中压腿

【练法】

（1）将腿放在与腰同高或更高的物体上，脚尖勾起，髋部后坐，两掌心向下扶按膝关节，挺胸收腹，直背塌腰，用额头去碰脚尖。也可以单手或双手扳住脚尖，用额头去触碰。（图1–1至图1–5）

图1–1

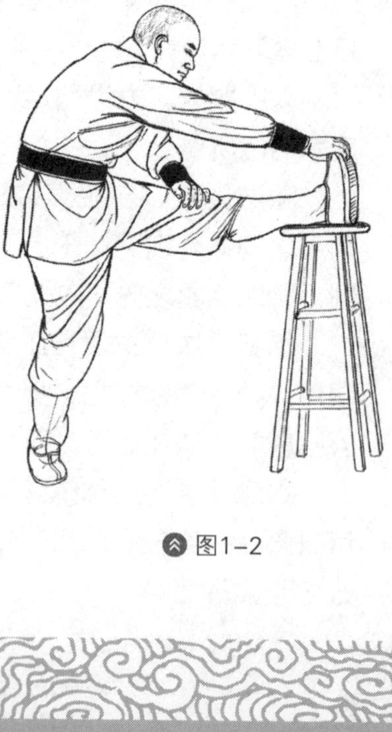

图1–2

图1-3

图1-4

图1-5

（2）碰到脚尖可稍停。

随着腿部韧带逐渐被拉长，前额触脚停留的时间应加长。额头能碰到脚尖后，再用下巴贴近脚尖，尝试用下颌碰脚尖。

左右腿互换练习。

（2）正低压腿

【练法】

（1）右脚尖外展，全脚掌落地，右膝弯曲，左脚向前上一步，脚跟着地，脚尖勾起，膝关节充分伸直，向后坐髋；两手按压左膝关节，上体有节奏地向前下方振压。（图1–6）

两腿交替练习。

（2）也可将脚底靠在墙角或台阶等处练习。（图1–7）

其目的是进一步拉长小腿肌肉和韧带。

图1–6

图1–7

（3）练习者双手抱住左脚，然后挺胸挺膝，向下振压，依次用额头、鼻尖、嘴、下颌触脚尖。此动作名为“吻靴”。（图1–8至图1–10）

左右腿交替练习。

图1-8

图1-9

图1-10

（二）侧压腿

（1）侧中高压腿

【练法】

（1）将左腿放至与腰同高或更高的物体上，脚尖勾起，右脚外展和左腿成90°或大于90°。用头的侧面碰脚尖，髋关节放开。也可以用手扳住脚，抬至头侧，用头侧去触碰。左右腿交替练习。（图1-11至图1-13）

（2）可用手抓脚停留一会儿。左右腿互换练习。（图1-14）

图1-11

图1-12

图1-13

图1-14

（2）侧低压腿

【练法】

（1）右脚尖外展全脚掌落地，右膝弯曲，左脚向前上一步，脚跟着地，脚尖勾起，膝关节充分伸直，向后坐髋；左掌立于右肋下，右掌上架，右臂贴右耳，左肩在前，上体有节奏地向前下方振压，用头或右手触及左脚尖。左右腿交替练习。（图1-15、图1-16）

（2）也可以将脚底靠住台阶或桩子等处练习。（图1-17）

（三）后压腿

（1）后低压腿

【练法】

两腿前后开立，前腿屈膝全蹲，后腿伸直，脚背及小腿着地，脚尖绷直；两手插腰或扶前腿，上体有节奏地向后振压。（图1-18、图1-19）

左右腿交替练习。

图1-15

图1-16

图1-17

图1-18

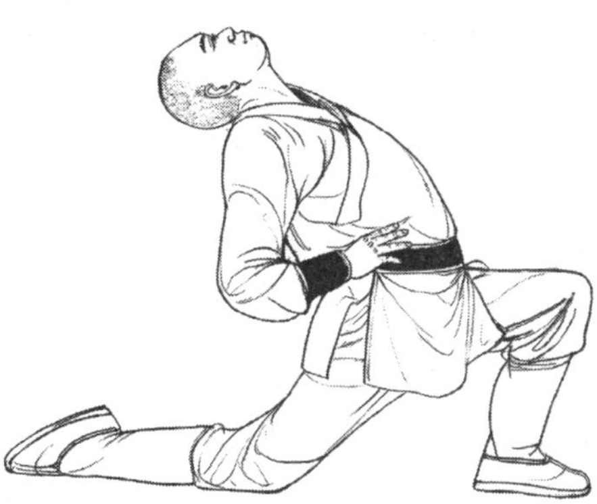

图1-19

（2）后中压腿

【练法】

背对约腰高的物体，右脚后举，将脚背放在物体上，脚背绷直；两手叉腰，上体有节奏地向后振压。（图1-20、图1-21）

左右腿交替练习。

图1-20

图1-21

（3）后高压腿

【练法】

背对较高的物体，右脚后举，将脚尖抵在约同肩高的物体上，脚面绷平；双手向前扶一木桩，扶的高度根据自己腿部柔韧的情况来决定，然后有节奏地向后振压。（图1-22）

左右腿交替练习。

图1-22

（四）仆步压腿

【练法】

一腿屈膝全蹲；另一腿向侧面伸直，脚尖里扣，全脚掌着地；两手分别抓握两脚外侧，有节奏地向下振压数次。然后转压另一腿。（图1-23、图1-24）

图1-23

图1-24

二

扳腿

扳腿就是用手将腿扳起，可自己扳，也可由他人帮助扳；可站立扳，也可仰着扳腿。此种方法，供有一定柔韧基础者练习，柔韧性较差的习练者不宜选择此法。

（一）正扳腿

【练法】

（1）左腿屈膝上提；左手抱住左膝，右手抱住左脚。（图1–25）

（2）左腿向前上方举起，挺膝；右手扳住左脚掌，使脚底外侧向前上方。（图1–26）

左右腿交替，反复练习。

图1–25

图1–26

（二）侧扳腿

【练法】

（1）右腿屈膝提起，右手经小腿后侧托住右脚跟。（图1–27）

（2）将右脚从身体右侧向上扳起；左手自身体左侧上抬抓右脚，保持稳定。左右腿互换练习。（图1–28）

图1–27

图1–28

吊腿

三

吊腿，将腿用绳子吊起，是一种拉伸肌肉和韧带的方法。

（一）正吊腿

【练法】

（1）将右脚挂在准备好的绳套里，右手拽绳，左手扶物，重心前移压腿。左右腿交替练习。（图1–29）

（2）将左脚挂在准备好的绳套里，左手在体后扶物，然后用右肘碰脚尖。也可以用右耳碰脚尖。（图1–30）

左右腿交替练习。

（二）侧吊腿

【练法】

将右脚挂在准备好的绳套里，用朝天蹬方法将腿搬起。然后，重心前移压腿。左右腿交替练习。（图1–31）

（三）后吊腿

【练法】

双手扶凳面，将右脚向后放在绳套内，然后做腰后折练习；同时挺胸展腹。左右腿交替练习。（图1–32）

图1–29

图1–30

图1–31

图1–32

四

劈腿

所谓劈腿，就是身体下压使两腿前后或左右分开，是拉伸肌肉和韧带的一种方法。

（一）竖劈腿

【练法】

两腿前后分开，逐渐向下压劈，直至裆部触地。（图1–33）

左右腿互换练习。

（二）横劈腿

【练法】

两腿左右分开，逐渐向下压劈，直至臀部坐地。（图1–34）

图1–33

图1–34

五

踢腿

踢腿是把腿伸直，向正、侧、后等方向高处踢开，是拉伸肌肉和韧带的一种方法，经常练习能使腿轻脚快。

要想达到“高可踢人面，低可踢腿”“手是两扇门，全凭脚打人”的目的，必须进行严格的踢腿训练。否则，在打斗中会造成不良后果，有时起腿过高，如果自己韧带和肌肉没有拉开，就会不打自倒。

（一）正踢腿

【练法】

左腿向前上步，右脚尖乘势勾起，向头部前上方猛踢而起。（图1–35）

借腿到极限的回弹之力，右脚下落至体前，脚尖点地，再向前上步，左脚尖乘势勾起向前上方猛踢。

也可在原地练习，右脚踢后落在体后，然后上右脚踢左脚，如上反复练习。也可在原地先以一腿连踢，然后换另一腿连踢。两腿交替练习。

（二）斜踢腿

【练法】

略同正踢腿，唯向斜上方踢，左腿向右耳方向踢出，右腿向左耳方向踢出。左右腿交替练习。（图1–36）

（三）侧踢腿

【练法】

右脚向前上步，上体右转，左脚尖勾起向头上方猛踢；右掌上架于头上，左掌立于右腋下。（图1–37、图1–38）

左脚落在体前，脚尖点地，然后上右步，向右转体180°，右脚尖勾起向头上方猛踢。如上反复练习。

原地练习略同正踢腿，唯先转体后侧踢。

图1-35

图1-36

图1-37

图1-38

（四）后踢腿

【练法】

（1）初练时，双手扶凳面等物，左腿支撑，右脚向后摆踢，脚尖和膝关节尽量挺直；目视前方。（图1–39）

右脚下落再向后踢，如上反复数次为一组。

（2）向后上方挑踢。（图1–40）

（3）向脑后方挑踢。（图1–41）

（4）勾脚尖向后上方挑踢。（图1–42）

（五）里合腿

【练法】

左脚向前上步，右脚尖内扣，先向右上方踢起，再经面前向左侧上方直腿里合；落脚于左脚前外侧，身体稍左转。（图1–43、图1–44）

右脚上步；左脚尖内扣，先向左上方踢起，再经面前向右侧上方直腿里合；落脚于右脚前外侧，身体稍右转。如上反复练习。

图1–39

图1–40

图1-41

图1-42

图1-43

图1-44

（六）外摆腿

【练法】

左脚向前上步；右脚尖绷直，先向左侧踢起，再经面前向右侧上方外摆；直腿落在左脚旁。（图1-45、图1-46）

然后，右脚向前上步；左脚尖绷直，先向右侧踢起，再经面前向左侧上方外摆；直腿落在右脚旁。如上反复练习。

图1-45

图1-46

六 腾空踢腿

腾空踢腿，就是起跳在空中将腿踢出。此种踢法既能提高腿部柔韧性，又能使人掌握腾空飞踢动作，久练能使身体轻巧灵活，使腿踢击更加有力。

（一）二起脚

【练法】

（1）右脚向前上步。（图1-47）

（2）左腿向前高提。（图1–48）

（3）随即右腿起跳，身体腾空，右脚尖绷平向前上方踢出；在空中右掌拍击右脚，左手勾手摆至身体左侧斜上方。（图1–49）

也可先垫步，接上步，再接腾空飞脚。

图1–47

图1–48

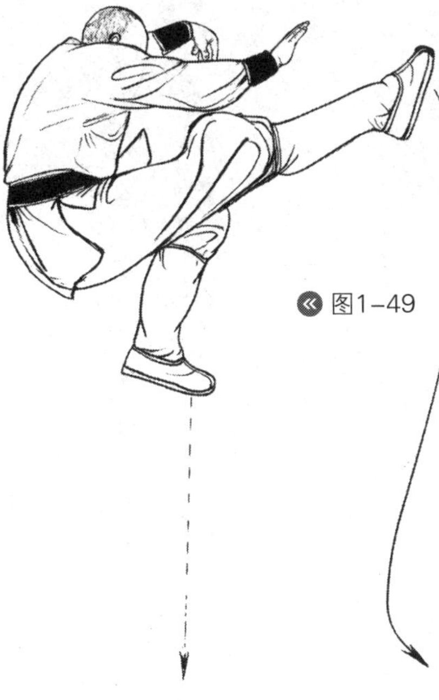

图1–49

（二）腾空双飞脚

【练法】

（1）两脚开步站立。（图1–50）

（2）左脚向前上步，右脚紧跟，两腿屈膝；两臂后摆。（图1–51）

（3）双腿同时起跳，身体腾空。（图1–52）

（4）双脚面绷平，同时向前上方直腿踢出；两手在空中同时拍击两脚。（图1–53）

（三）旋风脚

【练法】

（1）开步站立，左脚尖向左，两臂侧举立掌；目视左掌。（图1–54）

（2）身体左转180°，右脚向前上步，脚尖内扣落地，重心下降，左脚跟抬起；上体前俯，左手下摆屈肘于右胸前，右臂向上、向后抡摆。（图1–55）

图1–50

图1–51

图1-52

图1-53

图1-54

图1-55

（3）上体左转，左手由下向后旋抡，右手由上向下再向上旋抡；同时，右腿蹬地向上起跳，左腿屈膝向左后上方摆动。（图1–56）

（4）上体随即向左上方拧转，身体旋转360°，右腿向上、向里摆踢，脚腕内扣，左掌在面前迎击右脚。左腿自然下落。（图1–57）

图1–56

图1–57

（四）腾空外摆莲腿

【练法】

（1）右脚向右前上步；同时，两臂自然配合。（图1–58）

（2）右脚蹬地跳起；同时，左腿向右上方里合踢摆；两手伸于头上。动作不停，上体向右旋转，身体腾空，右腿伸开外摆，左腿屈膝，两臂自然配合；上体微前倾，两掌左右分开。（图1–59、图1–60）

图1-58

图1-59

图1-60

（五）腾空侧踹腿

【练法】

（1）右脚向前上步，脚尖外展；同时，右臂后摆，左臂前摆，上体右转，重心随之下降。（图1–61）

（2）右腿向前上方起跳，左腿屈膝高提，左肩在前，身体腾空。（图1–62）

（3）随即左脚向左侧踹。（图1–63）

左右腿交替练习。

图1–61

图1–62

图1–63

第二章

武林古传二十四腿

上体各部用于技击时，手法易为敌忌，而腿法易为敌所忽视，故腿法突起忽没，乘机杀伤，可收“出奇制胜，攻敌无备”之效。

腿较臂长，长可远攻，“一寸长一寸强”；腿劲较臂伟，劲大力足，令敌难当。

腿出连环，连续进攻，敌防一难防二，防二难防三，必被重创。

本章介绍武林古传二十四腿，招法多变，犀利难测，非常实用。

一

蹬膝腿

【实战举例】

（1）敌突然一拳击来，我即乘其冲来之势，身略向左侧闪，避过其右拳，随即右手翻上，将敌击来之右腕抓住。（图2–1）

（2）承上势，一将敌右腕抓住，即以右脚施直劲向敌右前膝节蹬去，右手紧握敌右腕，向我右后方猛拉。（图2–2）

图2–1

图2–2

（3）在此一拉一蹬之间，敌必魄散神昏，其右膝即使不受重创，亦必影响其攻势，是时乘隙反攻，无有不克。（图2–3）

图2–3

二

挑裆腿

【实战举例】

（1）我虚以右掌向敌胸部击去，敌见我右掌击其胸部，必然顺势用左手向外格拦。（图2–4）

（2）承上势，我乘其向外拨势，右臂顺其势向外走；同时，配合身向后仰之势，突以右脚施上弹劲，由下向上以脚背挑击其裆部。（图2–5）

图2-4

图2-5

三

扫跌腿

【实战举例】

（1）敌右拳向我攻来。我乘敌不备，突以右手将其右腕抓住。（图2-6）

（2）承上势，我将敌右腕扣紧于胸前，顺势上左步于敌右腿后方；同时，左手前伸，以前臂施劲对准敌前胸或咽喉，向后拨格；左腿向前扫敌右腿，敌必轰然后跌。（图2-7、图2-8）

图2-6

图2-7

图2-8

四

截蹬腿

【实战举例】

（1）与敌争斗，敌以挑腿法向我裆部击来。我即乘其腿将及未到之际，身向侧闪；同时，举右腿反挑其腿弯处。（图2-9）

图2-9

（2）承上势，我用挑腿截其挑腿，随即配合身向左后闪仰之势，劲贯脚跟，横蹬敌之裆部。（图2–10）

（3）敌腿劲被截，其势必失，此时乘隙反攻，必然胜敌。（图2–11）

图2–10

图2–11

五

弹胫腿

【实战举例】

（1）我行立间，突见敌上步，欲以右手抓我右肩。

（2）我即乘其右手将抓住而未逞时，略提左脚，配合身向左倾侧之势。左脚落地；同时，施斜弹劲，将右脚弹出，击敌前腿胫骨。（图2–12）

图2–12

六

锯割腿

【实战举例】

（1）敌欲上左步，出拳击我。我即乘其左步刚一踏实之际，身向后仰；同时，以右脚，由左向右如以锯锯木，照准敌左小腿胫骨施斜劲割踢。（图2–13）

（2）承上势，敌腿被踢，必痛苦难忍，而心散意失，步向后缩，而身向前倾。此时我乘势，右手以反背拳施劲向敌面部击去。（图2–14）

图2–13

图2–14

七

横蹬腿

【实战举例】

（1）与敌交手之间，敌上右步，右拳照我胸部击来。我即乘其来拳将至未到之际，身向右转；同时，右臂拨格其臂部。（图2–15）

（2）承上势，配合左手由下穿上拨格其臂部之势，坐腰沉气，重心移于右腿，施直劲，以左脚跟向敌右肋部蹬去。（图2–16）

图2–15

图2–16

膝撩腿

八

【实战举例】

（1）与敌交手之际，我先以右掌拍打或以中、食二指向前探取敌眼（此为虚招）。敌见我迎取其双眼，身向后仰躲避。（图2–17）

（2）承上势，乘敌身向后仰，我即将右手缩回；同时，顺势施腰劲，身向后抽仰，乘势提右膝，施上弹劲，以膝头照准敌裆撞去（此为实招）。（图2–18）

图2–17

图2–18

九

弹蹬腿

【实战举例】

（1）与敌交手之际，见敌有隙可乘，我即上步起右腿挑敌裆部。敌虚中有实，欲擒我右腿。（图2-19）

（2）承上势，乘敌尚未擒住之前，身向左转，突施弹直劲，以右脚跟（脚尖向左翻转），照准敌小腹蹬击。（图2-20）

图2-19

图2-20

勾绊腿

【实战举例】

（1）敌突上右步，右拳向我勾击。我即乘其来拳将至未至之际，用左臂向下砸压敌右臂。（图2-21）

（2）承上势，继续压敌右臂；同时，上左步绊敌右腿，右手锁敌咽喉，右掌往左上方推敌喉部，左腿施斜劲，向后勾绊其右腿，致敌仰跌。（图2-22、图2-23）

图2-21

图2-22

图2-23

十一

穿心腿

【实战举例】

（1）我与敌交手间，见有隙可乘，即上左步，以右拳击敌胸部（此为虚招）。敌见右拳击来，以左臂向上、向外拨格，企图反攻。（图2-24）

（2）承上势，敌拨格我右臂，即空其势，我乘其全神注意我右臂之际，身向后仰施腰劲，顺势出右腿向前上方对准敌心窝蹬去。（图2-25）

图2-24

图2-25

十二 偷踹腿

【实战举例】

（1）与敌交手间，敌突然上步施右挑腿法，挑撩我裆部，我即乘其来腿将至之际，身略向左转，顺势将右腿向上撩提，格开敌之右腿。（图2-26）

（2）承上势，一格开敌右腿，即施弹劲，配合身向左转之势，照准敌左膝，用右脚斜蹬。（图2-27）

图2-26

图2-27

十三

圈弹腿

【实战举例】

（1）与敌交手之际，敌突飞起右腿，欲踹我左腿胫骨。我即乘其来腿将至之际，略退左步，避开其势；同时，顺势用右腿以脚背挑击敌右膝弯，打散敌右腿之直劲。（图2-28）

（2）承上势，一将敌来劲击散，即配合身向左后转之势，右腿向上、向前方转圈，施弹劲弹击敌之裆部。（图2-29）

图2-28

图2-29

探喉腿

十四

【实战举例】

（1）与敌交手间，敌突然施用穿心拳法，取我心窝。我即乘其拳未到之际，急出左手，拦截其右腕；同时，重心稳于左前步，以待变势。（图2-30）

（2）承上势，重心一稳定，即配合上身后仰之势，贯劲于右脚外缘，由下向上、向外对准敌喉部割去。（图2-31）

图2-30

图2-31

十五 撞心腿

【实战举例】

（1）与敌交手间，敌上右步，以右手当头击来。我即乘其来拳将至未至之际，身略向左闪，重心移于左脚；同时，出右手向上格挡敌右腕。（图2-32）

（2）承上势，右手将敌右腕抓住；同时，左手向上掳其右肘部，施劲向我右后方拉；同时，配合双手之拉劲，施斜劲，劲贯右膝头对准敌心窝撞去。（图2-33）

图2-32

图2-33

十六 跺膝腿

【实战举例】

（1）与敌交手之际，我见敌中上部有隙，即上左步，用左拳照敌面部击去。敌虚中有实，突移重心于左步；同时，施横劲，欲用右腿扫我左腿。（图2-34）

（2）承上势，我见敌突以右腿扫来，即乘其腿尚未到时，撤左步；同时，施下劲，以劲贯于右脚，配合身向下坐之势，猛劲照准敌右膝踩下。（图2-35）

图2-34

图2-35

十七

立连腿

【实战举例】

（1）与敌交手，见敌势勇，一时难以取胜，即佯做败走之状；敌见我败走，势必赶紧追击。我即乘其来拳将及之际，突收步将重心移于右腿，身向下沉，乘势起左腿施弹劲，反身向敌腹蹬去。（图2-36）

（2）承上势，如敌身敏步捷，能急中后退。我见腿不中敌，即急将左步下落，稳固重心，身向左后转；同时，配合身之转势，施上劲，用右脚背照准敌裆部由下向上挑击。（图2-37）

图2-36

图2-37

卧连腿

十八

【实战举例】

（1）与敌交手，见敌势勇，一时很难取胜，即假装败走，继而滑跌，跌时以两掌撑地蓄势，以备反攻；敌见我败中滑跌，不论真伪，势必上前。我即乘其进击之际，以在上之左脚，施直劲，蹬敌裆部，阻其进攻。（图2-38）

（2）承上势，不论蹬中与否，两掌施劲向地一按，上身向左翻转；同时，收回左脚，用右脚弹劲照敌心窝或软肋等部位蹬去。（图2-39）

图2-38

图2-39

十九

勾蹬腿

【实战举例】

（1）与敌交手之际，敌突然一拳迎面击来，我欲闪不及，急以左手护头，右手反上抓敌右腕（抓不住无妨）；同时，施腰劲，侧身左后闪跌（跌时以左前臂及肘先着地），以左脚背顺跌势将敌右脚跟用劲勾住。（图2-40）

（2）随即，配合左脚勾劲，以右脚施冷劲照敌右膝向外蹬去。（图2-41）

图2-40

图2-41

二十

绞丝腿

【实战举例】

（1）与敌交手之际，敌突然止步，一拳当胸击来，势急而不及闪避，我即施腰劲，翻身向左跌下，以左掌撑地；同时，左腿伸向敌右脚踝部，右腿伸向敌右胯部，合力将敌腿部夹紧。（图2-42）

（2）承上势，我即施腰劲身向右扭转，用斜横劲，左腿向敌后方勾挂。右腿向敌前方绊压，形成合力绞势，敌必失去重心，向前扑跌。（图2-43）

图2-42

图2-43

二十一

铰剪腿

【实战举例】

（1）与敌交手之际，敌突然上步，当胸一拳击来。我不及还手，急以右手抓敌左臂（抓不住无妨）；同时，用腰劲一挺，身向左翻，以左肘着地，双腿往上夹击，如老树盘根，迎面将敌腰夹住，双脚互相勾挂。（图2-44）

（2）施夹横劲，配合双胫互相勾别之劲，我用双膝往里合力夹剪敌人腰部，再往下坠使敌跪地。此时可乘机以臀着地，双手擒敌双臂。（图2-45）

图2-44

图2-45

二十二

滚剪腿

【实战举例】

（1）与敌交手间，见敌上右步，欲出拳击我。我即乘其拳将出之际，身向右偏倒，双手撑地；同时，顺势右腿在下伸插向敌右腿内侧，左腿向上伸向敌右腿弯部位。（图2-46）

（2）承上势，双腿一将敌右腿别住，我即施腰劲向右后转滚；同时，两腿施劲绞别敌右腿（左胫别敌右腿弯，右胫别敌右前胫）。（图2-47）

（3）承上势，身向右后继续翻滚，顺势配合左胫向左勾别敌右腿弯之劲，施腰劲以右胫向右、向下别压敌右前胫，敌必被困，不能动弹。（图2-48）

图2-46

图2-47

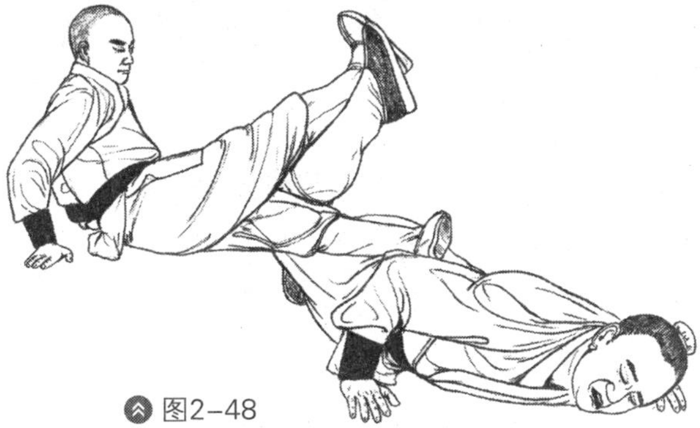

图2-48

二十三

单飞腿

【实战举例】

（1）敌突上右步，以右拳击我。我即乘其来拳将及之际，身向后仰，顺势起左腿（虚势）挑击敌右肘部。（图2-49）

（2）承上势，敌见我左脚挑去（虚势），身向后仰或后退。我急乘机跃起，左腿回缩，右腿施弹劲，对准敌喉部点踢。（图2-50）

图2-49

图2-50

双飞腿

二十四

【实战举例】

（1）与敌交手间，乘敌转身之际，突施腰劲，气向上提，身欲上纵，四肢内含，蓄势待发。（图2-51）

（2）承上势，全身凌空，双手外分，双脚施弹劲，对准敌人背部或腰部蹬去。（图2-52）

图2-51

图2-52

第三章

武当秘传二十四腿

武当腿法，细腻多变，擅长暗腿，常踢下盘，敌不易防范。如在手法助攻下，腿击更易奏效，常可一招制敌。

本章专门介绍武当秘传二十四势连环腿。这些腿法，时左时右，忽高忽低，有直有横，手引腿踢，声东击西，真假虚实，变化多端，多多练习，必有大用。

一

叩门腿

【实战举例】

（1）敌我对峙。（图3–1）

（2）敌滑步进身，右拳击打我面部。我迅疾向下沉身，提起右脚，向前迎击，踩踏敌进前之右膝。（图3–2）

图3–1

图3–2

（3）动作不停。我右脚随即落步于敌右腿后，叩击其脚后跟部；同时，右掌前推，震击敌胸部，将敌击跌而出。（图3–3）

图3–3

二 铲踢腿

【实战举例】

（1）敌我对峙。（图3–4）

（2）敌滑步进身，右拳击打我面部。我左手上翻防住面部的同时，提起左脚迎击敌进前之右腿前胫，发力前踩。（图3–5）

（3）动作不停。我左脚略收即发，迅疾铲击敌小腹或裆部。（图3–6）

图3-4

图3-5

图3-6

三

闪踢腿

【实战举例】

（1）敌我对峙。（图3-7）

（2）敌滑步进身，右拳击打我面部。我见其来势凶猛，立即沉身，左脚向左外侧闪步，避敌锋芒。（图3-8）

（3）动作不停。我趁左闪之机，速起右腿踹击敌右肋部，致敌侧扑而出。（图3-9）

图3-7

图3-8

图3-9

撩踢腿

四

【实战举例】

（1）敌我对峙。（图3–10）

（2）敌滑步进身，右拳击打我面部。我迅疾右转俯身，迎敌反击，右脚向后撩踢敌右侧部位。（图3–11）

（3）敌受踢向左旋扑。我迅疾落右步，再将左脚向后撩踢，迎击敌胃脘部。（图3–12）

图3–10

图3–11

图3–12

五

后挂腿

【实战举例】

（1）敌我对峙。（图3–13）

（2）敌左垫步进身，右鞭腿踢击我头部。我迅疾右倾身，左脚向右盖步，避过敌腿锋芒。（图3–14）

（3）动作不停。趁敌腿尚未变势，我左脚迅疾向后挂出，用脚掌挂击敌左大腿内侧。（图3–15）

图3–13

图3–14

图3–15

六

顺踩腿

【实战举例】

（1）敌我对峙。（图3–16）

（2）敌滑步进身，右拳击打我面部。我右掌上拦，左掌上托，阻截敌劲之际，左脚猛力向下踩踏敌右脚背。（图3–17）

（3）动作不停。我左脚迅疾顺势前踩敌右膝部。（图3–18）

图3–16

图3–17

图3–18

七

侧踩腿

【实战举例】

（1）敌我对峙。（图3–19）

（2）敌左脚向前盖步进身，右脚鞭踢我左大腿外侧。我迅疾收左脚，缩身成左丁步之际，左手向下、向后反挂敌右脚踝内侧，阻截敌腿攻击。（图3–20）

图3–19

图3–20

（3）动作不停。我左脚向前上步，右脚向前踩击敌左脚背。（图3–21）

（4）接着，我迅疾左垫步，右脚顺势侧踩敌左膝。（图3–22）

图3–21

图3–22

八

钉踢腿

【实战举例】

（1）敌我对峙。（图3–23）

（2）敌滑步进身，右拳击打我面部。我右掌抓拦其腕，左掌上托其肘，阻截敌劲；同时，右脚跟迎踢敌右膝关节。（图3–24）

（3）动作不停。我右脚落地，左脚向前上步踏入敌洪门中宫；同时，双掌斜推敌胸部。（图3–25）

图3–23

图3–24

图3–25

封勾腿

九

【实战举例】

（1）敌我对峙。（图3-26）

（2）敌滑步进身，左拳击打我面部。我迅疾左掌上翻，格拦敌左前臂，将敌左拳化开。（图3-27）

图3-26

图3-27

（3）动作不停。我左前臂抵住敌左前臂；同时，右脚上步封敌左脚跟，右肘顶击敌胃脘部。（图3-28）

（4）接着，右掌上翻反划敌面部，右脚勾住敌左脚跟向左踢出使敌翻跌。（图3-29）

图3-28

图3-29

十

勾踩腿

【实战举例】

（1）敌我对峙。（图3-30）

（2）我左脚向前上步，左掌扑击敌面部。敌起右掌阻截我掌。（图3-31）

（3）我迅疾收手，右脚向前勾踢敌左脚跟，将敌踢翻在地。（图3-32）

图3-30

图3-31

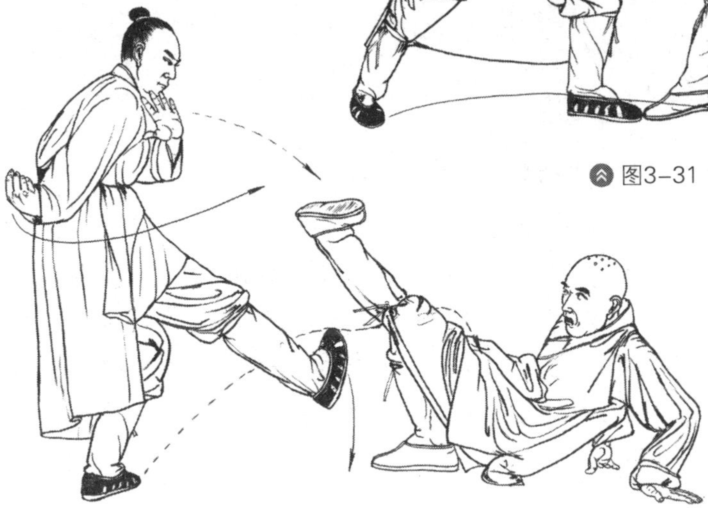

图3-32

（4）动作不停。我右脚落步，提起左脚向前踩踏敌裆部。（图3-33）

图3-33

十一

勾摔腿

【实战举例】

（1）敌我对峙。（图3-34）

（2）敌右脚向前上步之际，左鞭腿踢我头部右侧。我右手反捞，左手上抱，合力夹抱敌左腿。（图3-35）

（3）我左脚向左外侧收闪一步，右脚勾踢敌右脚跟，使敌失衡；同时，两手将敌左腿向前一掀，将其摔跌而出。（图3-36）

图3-34

图3-35

图3-36

十二

后低扫

【实战举例】

（1）敌我对峙。（图3–37）

（2）敌左垫步进身，右高弹腿踢击我面部。我猛地向左俯身，右腿向后扫击敌支撑腿，使敌失衡翻倒。（图3–38）

（3）动作不停。我右脚向右画弧收屈，右翻身，双掌按地，左脚向上扫踢敌后腰部。（图3–39）

图3–37

图3–38

图3-39

前后蹬

十三

【实战举例】

（1）敌我对峙。（图3-40）

（2）我左脚猛然向前踏进一步，右腿向前正蹬敌胸部。（图3-41）

（3）敌含胸避过我右腿重击。我上体左倾，右脚尖内旋，脚跟发力向后蹬击敌胸部。（图3-42）

图3-40

图3-41

图3-42

十四 鸳鸯踩

【实战举例】

（1）敌我对峙。（图3-43）

（2）我右垫步进身之际，左腿踹击敌胸部。（图3-44）

（3）我左脚迅疾向右前侧落步，右转身后右腿踹击敌胸部，以迅雷不及掩耳之势连出两腿。（图3-45）

图3-43

图3-44

图3-45

十五 连珠弹

【实战举例】

（1）敌我对峙。（图3-46）

（2）敌右进步，出右拳击打我面部。我左手上划，右脚迎敌前冲，弹踢敌裆部。（图3-47）

（3）动作不停。我右脚落步之际，左脚迅疾垫步，右脚再次弹踢敌裆部，两次连击。（图3-48）

图3-46

图3-47

图3-48

十六

绊马腿

【实战举例】

（1）敌我对峙。（图3–49）

（2）敌滑步进身，右拳击打我面部。我见敌来势凶猛，左脚向左外侧闪步偏身之际，右脚擦地向前横拦敌冲来之右脚踝关节。（图3–50）

（3）敌右脚被绊而前扑之际，我右旋身，右掌反劈敌背部，将其打倒在地。（图3–51）

图3–49

图3–50

图3–51

十七

撑顶腿

【实战举例】

（1）敌我对峙。（图3–52）

（2）敌左垫步，提起右膝撞向我胸部。我不退反进，右掌下伸，右臂拦格敌右小腿外侧，化解敌右撞膝；同时，右脚前撑，以脚底撑击敌左脚背及前胫部。（图3–53）

（3）动作不停。我右脚尖外展踏地，抬双掌猛劲推敌胸部，将其击跌而出。（图3–54）

图3–52

图3–53

图3–54

靠身撞

十八

【实战举例】

（1）敌我对峙。（图3-55）

（2）敌滑步进身，右拳击打我面部。我右掌抓拦其腕，左掌抓托其肘，控敌右臂，阻截其攻击。（图3-56）

（3）动作不停。我双手扣住敌右臂向右下猛拽，提起右膝撞击敌胸部，对向发力。（图3-57）

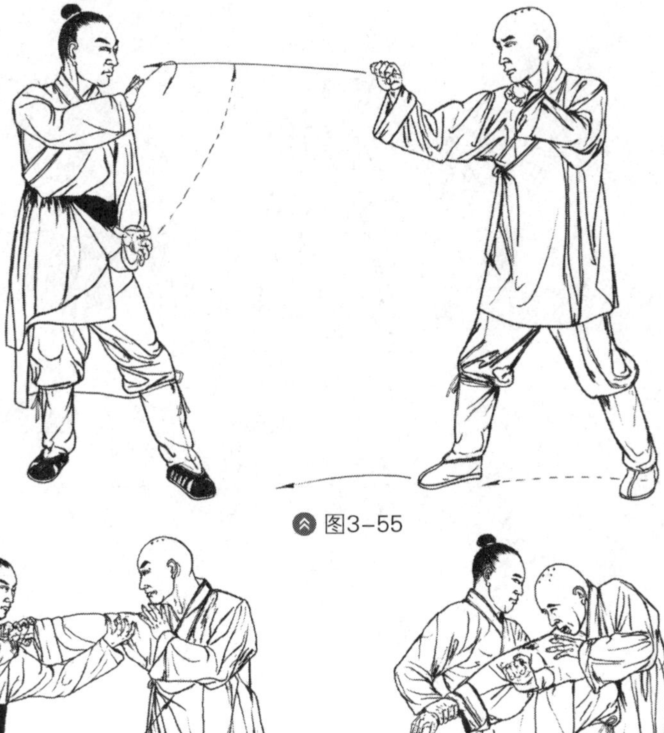

图3-55

图3-56

图3-57

十九

缠丝腿

【实战举例】

（1）敌我对峙。（图3–58）

（2）敌左脚向前跨上一步，左拳击打我面部。我左手上划挑格敌左臂外侧；同时，右脚向前勾缠敌左脚跟。（图3–59）

图3–58

图3–59

（3）动作不停。我右脚缠住敌左脚跟向左旋踢而起。（图3–60）

（4）随即以右脚回铲敌右小腿内侧，致其跌倒。（图3–61）

图3-60

图3-61

圈蹬腿

二十

【实战举例】

（1）敌我对峙。（图3-62）

图3-62

（2）敌滑步进身，左拳击打我面部。我右掌前推阻截敌左拳；同时，提起右脚向后圈踢敌右脚跟。（图3-63）

（3）动作不停。我右脚顺势向前蹬敌左膝内侧。（图3-64）

图3-63

图3-64

二十一 腾鞭踢

【实战举例】

（1）敌我对峙。（图3-65）

（2）我左脚向前进步，提起右脚向前蹬击敌腹部，迫使敌退步防守。（图3-66）

图3-65

图3-66

（3）我迅速前落右脚，并借力向左后转体。同时，左腿屈膝外展，向左后上提摆。（图3-67）

（4）动作不停。右腿借势蹬地屈膝上提，身体前跃并向左后转体，在左脚下落的同时，右腿迅速伸膝横扫敌头部。（图3-68）

图3-67

图3-68

二十二

双飞跺

【实战举例】

（1）敌我对峙。（图3-69）

（2）我跃步向前，双脚同时蹬地腾空而起。（图3-70）

（3）双脚在空中急速踹跺敌右肋或后背。（图3-71）

图3-69

图3-70

图3-71

二十三 高飞蹬

【实战举例】

（1）敌我对峙。（图3–72）

（2）我主动进攻，左脚踏地向上起跳，身体向上腾空跃起，向左拧身。不停，左腿屈膝略收，起右脚（脚面绷平）向前、向左里合摆踢敌头部。（图3–73）

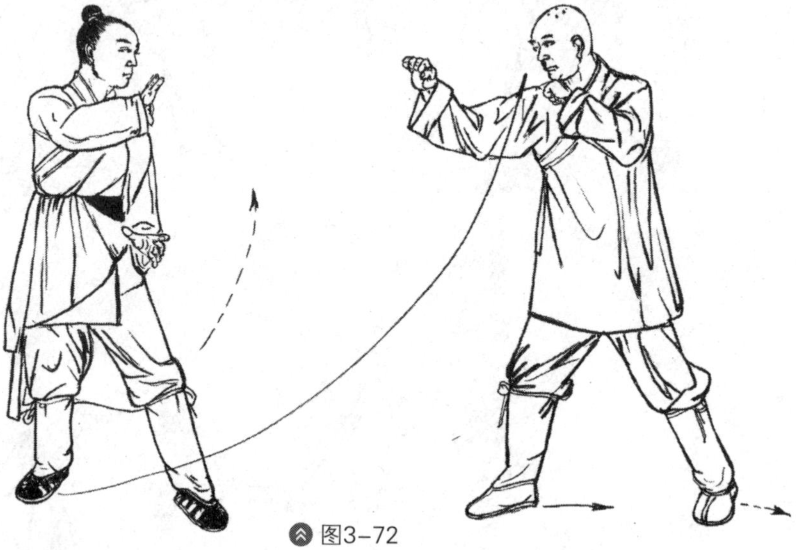

图3–72

图3–73

（3）敌低头屈身，以避我腿。我动不停，身体继续左转，右腿摆划后屈，上体前倾，左脚脚尖勾紧，以脚跟向后蹬击敌面门或胸部。（图3–74、图3–75）

图3–74

图3–75

二十四

三飞跺

【实战举例】

（1）敌我对峙。（图3–76）

（2）敌前移右脚，上进左脚；同时，左拳击打我胸部。我屈腿向前、向上腾空跃起，避开敌拳。（图3–77）

（3）随即，在空中右腿伸膝侧踢，踹击敌头面部。（图3–78）

（4）在空中，我动作不停，右腿屈膝，左脚从右腿下向前撇踢侧踹敌左肋。（图3–79）

（5）动作不停，我左腿屈膝，右脚迅速向右侧踢，踹敌后背。在空中对敌连环三踹。（图3–80）

图3–76

图3-77

图3-78

图3-79

图3-80

第四章

少林秘传二十四腿

少林秘传二十四腿是少林流传最广的腿法绝招，以弹、蹬、点、勾、扫、里合、外摆、旋转、腾空等腿法，攻击人体要害；与“少林二十四炮”齐名。

少林秘传二十四腿蕴含了少林技击精髓。其中有连环巧腿法，以连续腿法攻敌，一腿不中，再发二腿。有明手暗腿法，明手佯攻，暗使腿击；有以腿破腿法，敌以腿攻我，我以腿破解，再以腿反击；有破拳发腿法，敌以拳攻我，我破解其拳，再以腿反击。

一

浪子踢球

【实战举例】

（1）敌右进步，右拳击打我胸部。我迅疾撤步，仰身避过敌拳锋芒。（图4–1）

（2）随即，我乘仰身之势，右脚由下向上弹踢敌裆部。（图4–2）

图4–1

图4–2

二

小蛇摆尾

【实战举例】

（1）敌右进步，右兜拳击我头部。我左脚向左斜闪一步，屈膝下蹲，偏身下沉。（图4-3）

（2）随即，我左脚向左斜前方上步；同时，右腿扫踢敌裆部。（图4-4）

图4-3

图4-4

上虚下踢

三

【实战举例】

（1）敌以右拳击我。我左掌上拦，同时，以右掌向敌咽喉穿击。（图4–5）

（2）我乘机以右脚弹踢敌裆、腹部。（图4–6）

图4–5

图4–6

四

蜻蜓点水

【实战举例】

（1）我左脚前移，右掌向前佯攻敌面部，右脚乘机点踢敌左膝。（图4–7）

（2）我右脚迅速落步，一点地随即连击，以右脚再度弹踢敌裆部。（图4–8）

图4–7

图4–8

五

海底捞月

【实战举例】

（1）我左进步，左掌穿击敌咽喉。敌吞身，起左手封架我左腕外侧。（图4–9）

（2）我迅疾以左臂下压敌左臂，身体左转，右掌顺其左臂下穿击其左肋。（图4–10）

（3）随即，我右腿向左上勾捞敌左小腿；同时，右手向右后拦压敌胸部，致敌后跌。（图4–11）

图4-9

图4-10

图4-11

六

野马挣网

【实战举例】

（1）我右脚进步，左拳击敌胸部。敌用右前臂向右格挡。（图4-12）

（2）我随即攻出右拳，击敌面部。敌再度起右前臂向左上格挡我右前臂。（图4-13）

（3）乘敌防我上击之际，我速起右脚弹踢敌裆部。（图4-14）

图4-12

图4-13

图4-14

七 饿虎上树

【实战举例】

（1）我左进步，以左兜拳由左向右横击敌头部右侧。敌低头俯身，避躲我左拳。（图4-15）

（2）随即，我向左转体，顺势提右膝顶撞其胸；同时，右拳横击敌面部。（图4-16）

图4-15

图4-16

八

韦陀合杵

【实战举例】

（1）敌右进步，以右拳击打我胸部。我迅疾起右手，向右格挡其右前臂外侧。（图4–17）

（2）随即，我两脚换步，双手合力向右下叼压敌右前臂。（图4–18）

图4–17

图4–18

（3）动作不停。我以右兜拳横击敌头左侧。敌低头躲避。（图4–19）

（4）我速提右膝顶撞其面部；同时，右拳向下砸压敌后脑，可以左手配合。（图4–20）

图4–19

图4–20

九 牵牛断腿

【实战举例】

（1）敌右进步，左拳击打我胸部。我速向左转体避其拳锋芒；同时，起两手向左叼掳敌左前臂。（图4-21）

（2）随即，我双手向左后拽敌左臂；同时，右脚垫步，以左脚底为力点，截蹬敌右膝。（图4-22）

图4-21

图4-22

格挡蹬踢

【实战举例】

（1）敌右进步，右拳击打我面部。我迅疾撤步，上起右手格挡敌右前臂内侧。（图4-23）

（2）随即，我左脚垫步，右脚迅疾向前横蹬，直击敌右肋部。（图4-24）

图4-23

图4-24

十一

拦截踢阴

【实战举例】

（1）敌左进步，右脚弹踢我裆部。我速撤步，左转体，右腿提膝，用右脚向左拦截敌右小腿内侧。（图4-25）

（2）随即，我右腿顺势伸膝前弹，踢敌裆部。（图4-26）

图4-25

图4-26

低势横扫

十二

【实战举例】

（1）敌左进步，右腿扫踢我头部。我迅疾后滑步；同时，上提两手，用掌格挡，阻截敌腿高扫。（图4-27）

（2）随即，我左腿屈膝下沉，右腿向前横扫敌左小腿，致敌跌扑。（图4-28）

图4-27

图4-28

十三

短腿撞膝

【实战举例】

（1）敌左进步，右腿扫踢我头部。我迅疾后滑步；同时，左手上提，用左前臂外侧格挡敌右小腿，阻截敌腿踢击。（图4–29）

（2）随即，我左脚前移半步，左手抓拉配合，右膝提撞敌心窝或腹部。（图4–30）

图4–29

图4–30

十四

蛟龙抖威

【实战举例】

（1）敌左进步，右脚弹踢我裆部。我速收左步，左旋身，提右膝，用右小腿向左拦截敌右小腿内侧，阻截敌腿攻击。（图4–31）

（2）随即，我顺势左旋转体（以背对敌），右脚向后反蹬敌腹部。（图4–32）

图4–31

图4–32

十五

顶腿破蹬

【实战举例】

（1）敌左进步，右脚蹬击我小腹部。我迅疾向右转体；同时，提左膝向右上顶其右小腿，双手接抱敌右脚踝部。（图4–33）

（2）随即，我双手合力向右后拉带敌右腿；同时，以左脚横蹬敌左大腿内侧。（图4–34）

图4–33

图4–34

转环蹬腿

十六

【实战举例】

（1）我右脚蹬击敌腹部。敌用右手拍拦我脚，阻截我腿击。（图4-35）

（2）随即，我身体微向左转，右脚向下、向右、向上转一圆弧，猛蹬敌胸部。（图4-36）

图4-35

图4-36

十七

大力横扫

【实战举例】

（1）敌左进步，右腿横踢我头部。我后滑步左旋身，左臂向左格挡敌右小腿前胫部，右掌配合，阻截敌腿踢击。（图4–37）

（2）随即，我向左转体，乘转体之势，右脚横扫敌头部。（图4–38）

图4–37

图4–38

十八

鹞子翻身

【实战举例】

（1）我右脚向左勾扫敌左小腿。敌提左腿避过。（图4-39）

（2）随即，我右脚落步，向左转体之际，迅疾起左脚向左后方摆踢敌头部。（图4-40）

图4-39

图4-40

十九 弹扫变幻

【实战举例】

（1）敌右进步，右拳击打我面部。我迅疾上提左手，用左掌向外格挡敌右前臂内侧，阻截敌拳攻击。（图4-41）

（2）随即，我迅疾以右腿弹踢敌裆部。敌左掌下按，阻截我右脚。（图4-42）

（3）我借敌向下拍击我右脚之力，向左转体，乘转体之势以右脚向左上方扫击敌头部。（图4-43）

图4-41

图4-42

图4-43

直弧连环

二十

【实战举例】

（1）敌左进步，右拳击打我面部。我速以左前臂上架敌右前臂，阻截敌拳攻击。（图4–44）

（2）随即，我右脚垫步，左脚蹬击敌胸腹。敌后仰身，避躲我蹬击。（图4–45）

（3）我左脚迅疾落步，向左转体，右腿扫踢敌头部。（图4–46）

图4–44

图4–45

图4–46

二十一 勾扫转蹬

【实战举例】

（1）敌左进步，右拳击打我胸部。我速以左前臂向左格挡。（图4–47）

（2）随即，我右脚向左勾扫敌左小腿。敌提左腿躲过。（图4–48）

（3）我右脚落步，左腿随即向敌心窝蹬击，致敌仰跌。（图4–49）

图4–47

图4–48

图4–49

二十二

将军上马

【实战举例】

（1）我左转体之际，以右脚向左横扫敌头部。敌蹲身低头躲过。（图4-50）

（2）随即，我右腿屈膝，右脚依次向下、向右、向上转一圆弧，向敌面部蹬击。（图4-51）

图4-50

图4-51

二十三

二起飞蹬

【实战举例】

（1）敌左进步，右拳击打我胸部。我重心后移至右腿，速起左脚向上弹踢其右前臂。（图4-52）

（2）随即，我借势，腾身跳起，以右脚飞蹬敌胸部。（图4-53）

图4-52

图4-53

高踢双飞

二十四

【实战举例】

（1）敌转身败走。（图4–54）

（2）我速将右脚向前踏步，随即两脚腾空而起，猛力蹬击敌后背。（图4–55）

图4–54

图4–55

第五章

少林秘传罗汉腿

罗汉拳，少林名拳之一，此拳仿罗汉之形，融罗汉之意，实战性很强，而且打法丰富多彩，如小罗汉手、大罗汉手、巧罗汉手、猛罗汉手、十八罗汉手、迷踪罗汉手、罗汉神打等，不胜枚举。

罗汉拳古诀曰：“头如波浪，手似流星。身如杨柳，脚似醉汉。出于心灵，发于性能。似刚非刚，似实而虚。久练自化，熟极自神。”

此门近代影响最大的武术家是“江南第一脚”刘百川，刘百川曾以“罗汉子母鸳鸯连环腿”击败过外国大力士，勇冠武林。

本章专门解析罗汉神打之外八腿与内八腿，供读者参考。此十六腿，风格独特，发力疾快，攻防灵活，招法连环，高低起伏，神妙莫测。

铲子腿

【实战举例】

（1）敌滑步进身，右拳击打我面部。我迅疾向后撤步；同时，右掌向前拦截敌右拳。（图5-1）

（2）随即，我左掌推拨敌右前臂外侧；同时，提起左腿，用左脚外缘铲击敌右膝外侧。（图5-2）

图5-1

图5-2

二

截击腿

【实战举例一】

（1）敌左腿向前跨上一步，左拳击打我面部。我迅疾后滑步，左掌上提，用左臂格敌左腕，阻截敌拳攻击。（图5–3）

（2）随即，我提起右脚向前，用脚跟截击敌左膝。（图5–4）

图5–3

图5–4

【实战举例二】

（1）敌前移，左脚向我弹踢。

（2）我迅起右脚，用脚掌截击敌左小腿，使敌攻击失效。（图5–5）

图5–5

三 倒扫腿

【实战举例】

（1）敌滑步进身，右拳击打我面部。我后撤一步，右手上提，用右臂格挡敌右腕，阻截敌拳攻击。（图5–6）

图5–6

（2）随即，我右掌外旋阻按敌右拳，左掌格拦敌右肘外侧。（图5-7）

（3）接着，我左脚向前扫踢敌右脚跟。敌后跳步，避过我左脚扫踢。（图5-8）

（4）动作不停。我迅疾向右俯身，双手按地，右腿向后扫敌右腿，将敌扫倒在地。（图5-9）

图5-7

图5-8

图5-9

四 勾挂腿

【实战举例】

（1）敌滑步进身，右拳击打我面部。我后撤一步，避过敌拳攻击。（图5-10）

（2）随即，我左脚向前勾挂敌右小腿后侧。（图5-11）

（3）动作不停。我将提起的左腿迅疾向前踹出，攻击敌右肋部，将敌踢倒。（图5-12）

图5-10

图5-11

图5-12

五

窝心腿

【实战举例】

（1）敌滑步进身，右拳击打我面部。我迅疾后滑步，沉身坐马，左掌按阻敌右拳，截住敌拳攻击。（图5–13）

（2）随即，我左脚前移，右腿迅疾向前蹬敌心窝。（图5–14）

图5–13

图5–14

六

正扫腿

【实战举例】

（1）敌滑步进身，右摆拳横扫我头部。我将左脚后撤一步，沉身坐马避过敌拳锋芒。（图5–15）

（2）动作不停。我右脚前移；同时，左腿蹬地而起，向前上横扫敌头部右侧。（图5–16）

图5–15

图5–16

七

翻天腿

【实战举例】

（1）敌滑步进身，右拳击打我面部。我后撤一步，右掌按抵敌右拳。（图5-17）

（2）动作不停。我迅疾将左脚上翻踢出，用脚掌蹬踢敌右肘关节。（图5-18）

图5-17

图5-18

八 化截腿

【实战举例】

（1）敌滑步进身，右拳击打我面部。我后撤一步，右掌拍格敌右腕内侧，化解敌拳攻击。（图5–19）

（2）随即，我左掌抓敌右腕；同时，左脚向前勾踢敌右小腿后侧。（图5–20）

（3）动作不停。我左腿借劲，迅疾向前踹出，用脚掌踹击敌左膝关节内侧，致敌跌出。（图5–21）

图5–19

图5–20

图5–21

九 迎门腿

【实战举例一】

（1）敌滑步进身，右掌向前劈击我面部。我迅疾向后撤退一步，右掌格架敌右腕外侧。（图5-22）

（2）随即，我左脚向前弹踢敌右膝正面（此为踢膝迎门腿）。（图5-23）

【实战举例二】

敌左拳攻击时，我左掌向上拦抓敌腕外侧。随即，起右腿弹踢敌左肋部（此为踢肋迎门腿）。（图5-24）

图5-22

图5-23

图5-24

顺捆腿

【实战举例】

（1）敌滑步进身，右拳击打我面部。我迅疾向后撤步，上提右掌，用右前臂外侧拦格敌右拳。（图5-25）

（2）随即，我左掌按压敌右前臂，并向左下勾扒；同时，左脚擦地向前扫踢（即捆腿法）敌左脚跟，将敌扫跌于地。（图5-26）

图5-25

图5-26

十一

倒勾腿

【实战举例】

（1）敌滑步进身，右拳击打我面部。我迅疾向后撤步，右手上提，用右前臂外侧拦敌右拳。（图5-27）

（2）随即，我左脚向前跨进一步，上体右转，迅起右腿向后撩勾，倒踢敌后背。（图5-28）

图5-27

图5-28

正踩腿

十二

【实战举例】

（1）敌滑步进身，右拳击打我面部。我迅疾后滑步，左手拦格敌右前臂内侧。（图5-29）

（2）随即，我两手相合拿住敌右腕；同时，右腿提起，用脚掌抵住敌心窝。（图5-30）

（3）动作不停。我右腿猛然伸膝蹬劲，踩击敌心窝，两手松开，使敌跌出。（图5-31）

图5-29

图5-30

图5-31

十三 内撇腿

【实战举例一】

（1）敌滑步进身，右拳击打我面部。我迅疾向后撤步，右手上提，用右前臂外侧拦格敌右拳。（图5-32）

（2）随即，我起左腿，向右撇踢敌右肘关节外侧。（图5-33）

图5-32

图5-33

【实战举例二】

（1）敌左脚向前跨步，左拳击打我面部。我迅疾后滑步，沉身坐马，避过敌左拳攻击。（图5-34）

（2）随即，我借势探身，右腿向上、向左撇踢敌左肘外侧，将敌臂重创。（图5-35）

图5-34

图5-35

【实战举例三】

（1）敌滑步进身，右脚向前弹踢我腹部。我迅疾向后撤退一步，右掌向前拍按敌右脚。（图5–36）

（2）随即，我起左腿向前、向右撇踢敌右膝关节外侧，将敌腿踢开。（图5–37）

图5–36

图5–37

外撇腿

十四

【实战举例一】

敌左拳向前反背，劈击我面部。我迅疾向后挪身之际，猛起左腿向上外撇，摆踢敌左臂外侧，将敌拳攻击力化去。（图5–38）

【实战举例二】

敌前移，左脚向前弹踢我胸部。我迅疾将身一沉，猛起左腿向前上外撇，摆踢敌左膝关节外侧，将敌腿攻击力化解。（图5–39）

图5–38

图5–39

十五

回身腿

【实战举例】

（1）我右脚进步，右掌劈击敌面部。敌后滑步，起右掌拦格我右掌背侧，阻截我攻击。（图5-40）

（2）随即，我左掌向前上挑敌右前臂内侧；同时，左脚向前扫踢敌右脚跟。敌后跳步避过。（图5-41）

图5-40

图5-41

（3）动作不停。我迅疾将左脚前移，上体右转；同时，右腿向后上方摆挂敌头部右侧。（图5–42）

图5–42

十六 绞丝腿

【实战举例】

（1）敌滑步进身，右拳反背劈击我面部。我迅疾向后撤步，右臂上架，阻截敌拳。（图5–43）

图5–43

（2）我左脚勾踢敌右脚跟。敌向后跳步避过。（图5-44）

（3）动作不停。我迅疾将左腿向前伸膝踹出，击敌右肋，顺势发劲，将敌踢倒 。（图5-45）

图5-44

图5-45

第六章
少林秘传地躺腿

少林地躺腿，是在跌、扑、翻、滚中，适时发挥弹、摆、蹬、踹、剪、撩、夹等法，踢击对方，是独特实用的腿法秘技。

一

侧倒勾蹬

【实战举例】

（1）敌进右步，迎面一拳击来。我欲闪不及，左旋身侧倒，两手按地，避过敌拳；同时，以左脚背顺跌势将敌右脚跟勾住。（图6-1）

（2）动作不停，我右脚配合左脚勾拉之劲，施冷劲，照准敌右膝蹬击，致敌败退。（图6-2）

图6-1

图6-2

二 侧倒剪腿

【实战举例】

（1）我身体侧倒，左侧着地；敌向我逼进。我两腿分开伸直，左腿置敌腿前，右腿置敌腿后。（图6–3）

（2）随即，我左腿向后、右腿向前剪其两腿，使其向前扑倒。（图6–4）

图6–3

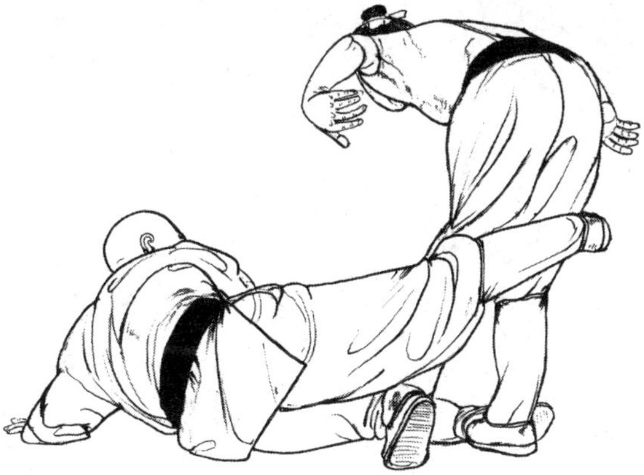

图6–4

三

绞剪拧腿

【实战举例】

（1）敌突然冲步上前，一拳打来，势急而我很难闪避。我即施腰劲，身向左侧倒下，以两掌按地于身体左侧；同时，左腿伸向敌右脚内侧，右腿伸向敌右脚外侧。（图6-5）

（2）动作不停。我两腿将敌右腿挟紧，即施腰劲，身向右挺转，再用勾绊斜横劲，两腿合力相绞，致敌向前扑跌。（图6-6）

图6-5

图6-6

四

撑地摆扫

【实战举例】

（1）我用右脚击敌之时，被敌双手接住而旋拧。我上体左旋前俯，两手撑地。（图6-7）

（2）动作不停。我身体继续左转，左腿向上、向右摆击敌后背，形成绞剪腿，把其绞翻。（图6-8）

图6-7

图6-8

五

跌身扫踢

【实战举例】

（1）敌左垫步进身，右腿蹬我胸部。我迅疾向外闪步，两腿跪地，两掌撑地，上体前俯，闪过敌腿。（图6–9）

（2）动作不停。身体左倾，迅速以右腿扫踢敌左踝，致敌仰倒。（图6–10）

图6–9

图6–10

倒地勾踢

【实战举例】

（1）敌以右里合腿攻击我头部。我迅疾下蹲，右膝跪地，上体前俯，避过敌腿。（图6–11）

（2）动作不停。我身体向左侧倒；同时，用右腿向上勾踢敌裆部。（图6–12）

图6–11

图6–12

七

扑地踩子

【实战举例】

（1）敌滑步进身，右拳击打我面部。我迅疾盖步闪避。（图6–13）

（2）不待敌变，我上体前扑，两手撑地，右腿跪地，起左腿用力向后踩击敌裆部。（图6–14）

图6–13

图6–14

八

前滚蹬踢

【实战举例】

（1）与敌对峙时，我见机突然向前滚翻，两腿蜷缩，蓄势待发。（图6–15）

（2）动作不停。我右腿顺势前伸，迅速蹬击敌方裆部。（图6–16）

图6–15

图6–16

九 侧翻踩踢

【实战举例】

（1）与敌对峙时，我见机突然向前滚翻，两腿蜷缩，蓄势待发。（图6–17）

（2）动作不停。我顺势向右翻身，两手撑地，左腿乘机侧踩敌裆部。（图6–18）

以上两招可以主动攻击，也可在被敌击倒时反击，乘机使用地躺腿法，反败为胜。

图6–17

图6–18

第七章

少林腾空高飞腿

少林腾空高飞腿，古朴实用，勇猛刚劲，攻击犀利，乃不可多得之自卫绝技。

一

鹰击长空

【实战举例】

（1）我左进步，右脚飞踢敌咽喉。敌后滑步，右偏身，左臂屈肘，向外拦格我右脚内侧。（图7–1）

（2）动作不停。我右腿屈膝回收，左脚乘势蹬地跳起，身体腾空，左腿伸膝蹬击敌面部。（图7–2）

图7–1

图7–2

凌空飞弹

二

【实战举例】

（1）敌左脚前移，右腿横扫我头部。我迅疾向后撤步，屈膝深蹲，避过敌腿扫踢。（图7–3）

（2）动作不停。我借身体下沉之劲，猛然左腿蹬地向上跳起，带动右脚离地腾空，向前弹踢敌咽喉。（图7–4）

图7–3

图7–4

三

乌龙摆尾

【实战举例】

（1）我主动进攻，左脚踏地向上起跳，身体向上腾空跃起，向左拧转；随即，左腿屈膝略收，同时，起右脚向前、向左里合摆踢敌头部。敌退身仰面避过。（图7-5）

（2）动作不停。我身体继续左转，右脚摆划屈收，左脚乘势踢开，向后蹬击敌下颌。（图7-6）

图7-5

图7-6

四

拦截单飞

【实战举例】

（1）敌右进步，右拳击打我面部。我迅疾仰身，顺势起左脚截击，可顺势蹬敌右肋。（图7-7）

（2）动作不停。我左脚乘机往下一压，右脚蹬地而起，向前腾空弹踢而出，直击敌咽喉。（图7-8）

图7-7

图7-8

五

一闪二飞

【实战举例】

（1）敌左垫步，突起右腿向我左小腿后侧勾踢。我重心移于右腿，迅疾将左腿屈膝提起，避过敌勾踢。（图7–9）

（2）动作不停。我顺势借劲，将右脚蹬地腾空跃起，以脚尖为力点，弹踢敌咽喉或下巴。（图7–10）

图7–9

图7–10

高飞展踢

六

【实战举例】

（1）敌盖步进身，右腿横扫击我头部。我迅疾收脚并步，屈膝半蹲；同时，右拳向左裹抡，格击敌脚。（图7–11）

（2）动作不停。我借蹲身之势，两脚迅速用力蹬地向上跳起，飞展空中，右腿在前，左腿在后，用右脚跟蹬踢敌下颌。（图7–12）

图7–11

图7–12

七

短中有长

【实战举例】

（1）敌滑步进身，右拳击打我腹部。我迅疾撤退，右脚收于左脚内侧成右丁步；同时，右拳背下砸敌右前臂。（图7–13）

（2）动作不停。右腿迅疾向前方挺膝蹬出，以脚跟蹬击敌裆部；同时，右拳上提屈臂，左拳前击敌胸。（图7–14）

图7–13

图7–14

（3）接着，右脚向前落步，左腿提膝而起，右拳下击敌腹部。（图7–15）

（4）敌被逼，向后退身。我乘势追击左腿猛然上提，右脚蹬地腾空，向前上方踢起，踢敌下颌。（图7–16）

图7–15

图7–16

八

连腿飞踢

【实战举例】

（1）我左脚进步，右腿弹踢敌裆部。敌后滑步，吞腹藏裆，避过我右脚弹踢。（图7–17）

（2）动作不停。我右脚迅疾向前踏落，左腿前伸蹬敌腹部。（图7–18）

图7–17

图7–18

（3）我左脚收落，右脚用脚跟向前蹬踩敌右膝。敌左弓步俯身，两拳下砸我腿。（图7–19）

（4）动作不停。我右腿稍收，左脚顺势蹬地跳起，身体腾空，向前飞踢敌面部。（图7–20）

图7–19

图7–20